Séquana, nymphe ou déesse de la Seine ?

Séquana, nymphe ou déesse de la Seine ?

Séquana

Nymphe ou déesse de la Seine ?

Patrick Huet

Séquana, nymphe ou déesse de la Seine ?

Dépôt légal mai 2015

© Patrick HUET 2015

Tous droits de reproductions et d'adaptation
réservés pour tous pays.

Auteur : Patrick Huet
73, rue Duquesne -69006 Lyon

Site : http://fleuve-trotteur.fr

Editeur : BoD – Books on Demand, 12/14 rond-point
des Champ-Élysées, 75008 Paris, France.
Imprimé par Books on Demand, Norderstedt,
Allemagne

ISBN : 978-2-32201732-4

Séquana, nymphe ou déesse de la Seine ?

Sommaire

Préambule.

I) Contexte historique............................ P 007

II) La nymphe de la Seine...................... P 009

III) La Déesse de la Seine...................... P 027

IV) Création d'un faux mythe de Séquana.
.... P 031

V) Origine de Séquana........................... P 033

VI) Chronologie rapide de Séquana....... P 035
    (*et de la nymphe de la Seine*)

VII) Conclusion :.................................... P 041
Séquana, nymphe ou déesse de la Seine ?

VIII) Le temps des nymphes................... P 043
Les oeuvres sur les nymphes de la Seine.

Annexe

IX) Informations source de la Seine....... P 047

X) Extraits des premiers écrits sur la nymphe de la Seine.. P 048

Préambule

Séquana, nymphe ou déesse de la Seine ?

À notre époque où l'information se diffuse à une vitesse accélérée, on entend de plus en plus parler de Séquana (ou Sequana).

Au gré des sites Internets, des articles de presse, on a pu lire ici ou là quelques notes à son sujet. L'oeil, pas toujours attentif, a peut-être relevé que certains présentent Séquana comme l'ancien nom de la Seine, ou comme la déesse de la Seine. Ou encore a-t-il noté que l'on évoque par moments une « Nymphe de la Seine » (sans autre précision) et à d'autres, on écrit « Séquana la nymphe de la Seine ».

Alors, comment se repérer dans ce flot d'informations éparses ? En définitive, Séquana est-elle une nymphe, une déesse ou un fleuve ?

Les communications se bousculant à tout va, mêlant le vrai au demi-vrai, la vérité à la fausse légende, il devenait nécessaire d'éclaircir ce point.

I) CONTEXTE HISTORIQUE.

a) Le peuple des Séquanes.

En premier lieu, notons qu'il existait un peuple celte (ou gaulois selon les appellations) qui portait le nom de « Sequane» ou « Séquane ». Le territoire des Séquanes touchait l'endroit où se trouvent les sources de la Seine.

Ce peuple a toujours été connu des historiens, et ce, depuis l'époque de Jules César (qui en parle dans son ouvrage « La Conquête des Gaules ») jusqu'à nos jours.

Divers autres livres font référence aux Séquanais soit en tant que nom propre (membre de la tribu des Séquanes) soit en tant qu'adjectif.

Après la Conquête de la Gaule, les peuples ont changé de civilisation. Les savoirs de jadis ont disparu. Les siècles ont tout éteint. Puis vint le temps de l'écriture et des Lettres.

Si les historiens et les lettrés connaissaient fort bien les Séquanes, leur territoire, leurs faits d'armes, ils n'ont jamais évoqué une déesse de la Seine, à fortiori, ils ne l'ont jamais nommé déesse Séquana. Pas plus Ptolémée (géographe renommé, vers les 100 ans apr. J.-C.) que les historiens de la Renaissance.

En bref, ils ignoraient l'existence d'une déesse de la Seine.

b) <u>Existait-il un mythe de Séquana en tant que déesse de la Seine</u> ?

Définissons d'abord ce qu'est un mythe. Par mythe, nous entendons, un récit fabuleux, souvent d'origine populaire, qui met en scène des êtres surnaturels, récit qui nous vient des temps reculés après avoir été répétés des siècles durant (le mythe d'Icare, par exemple).
Il ne pouvait y avoir de mythe de Séquana, par le simple fait que personne ne connaissait l'existence de la déesse Séquana.

N. B. Nous évoquons plus loin comment fut découverte Séquana lors de fouilles archéologiques aux sources de la Seine.

II) LA NYMPHE DE LA SEINE.

1) Origine de la Nymphe.

Jean Racine.

Il y eut au XVII° siècle, un homme de lettres, Jean Racine (1639-1699), célèbre pour ses tragédies (Phèdre, Andromaque), qui composa à l'occasion du mariage de Louis XIV une ode (poème lyrique d'inspiration élevée) en hommage à la nouvelle reine (Marie-Thérèse d'Autriche, fille du roi d'Espagne).

Il était alors un jeune auteur de 21 ans et les noces du roi (le plus puissant d'Europe) étaient pour lui l'occasion de se faire remarquer, de gagner ses faveurs et sa protection.

Date : 1660. Titre du poème : « La Nymphe de la Seine à la reine ».

Dans ce poème, il faisait la gloire du pays de France (et de l'Espagne unies par ce mariage). Pour ce faire, il personnifia la France par son fleuve, « la Seine », et personnifia la Seine par une nymphe qui s'adressait à la nouvelle reine et lui présentait ses hommages. Il l'appela « la Nymphe de la Seine »

Séquana, nymphe ou déesse de la Seine ?

Il s'agissait d'une création poétique, une figure de rhétorique permettant à l'auteur de présenter ses propres hommages par le biais d'un personnage imaginaire.

Cette ode offerte à la reine fut appréciée par la souveraine et par Louis XIV, et remarquée par les contemporains de Racine. Des artistes s'emparèrent de l'idée et firent à leur tour référence à cette fameuse nymphe. Ils lui inventèrent au passage des aventures de leur crû. En effet, Racine ne la décrivait aucunement dans son poème. Elle se contentait d'exprimer ses hommages à la Reine en tant que narratrice. Donc, ces auteurs furent bien obligés d'échafauder quelque chose pour intéresser leur auditoire. Ils imaginèrent tout ce qui leur passait par la tête, invitant notamment Bacchus et compagnie pour enrichir leurs propos.

Il est à noter que si Racine personnifia la Seine sous les traits d'une nymphe, c'est que l'époque était en plein renouveau. Depuis la Renaissance, l'Europe s'ouvrait aux mondes antiques. L'influence de la mythologie grecque (nymphes, dieux, déesses de l'Antiquité...) gagnait tous les genres : la littérature, la sculpture, la peinture. Cette effervescence se manifestait dans les oeuvres et les différents courants artistiques.

<u>Les sources d'inspiration de Racine dans la création de ce concept de « Nymphe de la Seine ».</u>

a) Première source : Rémy Belleau.

Nous ne pouvions passer sous silence qu'avant Racine, un autre poète, Rémy Belleau avait fait intervenir des nymphes de la Seine dans l'un de ses écrits.
Qui donc est Rémy Belleau et pourquoi aurait-il pu influencer le jeune Racine ? Il faisait rien moins que partie de « La Pléïade » groupe de poètes dirigé par Ronsard. C'était quelqu'un de fort respecté à son époque (1528-1577). Il vécut une soixantaine d'années avant Racine.
Il se trouve que Rémy Belleau écrivit un épithalame (un poème nuptial, composé à l'occasion d'un mariage). Son titre complet : « Épithalame *sur le mariage de Monseigneur le Duc de Lorraine et de Madame Claude fille du roi* ». Date 1559.

Séquana, nymphe ou déesse de la Seine ?

Ce poème comporte plusieurs parties : un prologue, un passage chanté par les nymphes de la Meuse, puis un autre passage chanté par les nymphes de la Seine. Ce dernier étant appelé « Chant des nymphes de la Seine ».

Retenons que les nymphes ne personnifient pas leur fleuve respectif, elles ne sont que des personnages qui résident et se baignent au bord de ces cours d'eau. Rémy Belleau les crée pour des raisons poétiques, ce sont des chœurs de jeunes filles qui chantent le poème. Les nymphes des bords de la Meuse (car la Meuse traverse la Lorraine, symbolisant le Duc du même nom), et celles des bords de Seine (car la nouvelle épousée, étant fille du roi de France, la Seine traverse son domaine de naissance).

Nous voyons donc, à un siècle d'intervalle, une similitude qui se traduit par :
1) La composition d'un poème à l'occasion d'un mariage,
2) L'intervention d'un personnage de nature mythologique (nymphe d'un fleuve) qui récite ou chante des passages du poème. La similitude s'arrête là.

La différence fondamentale, qui nous fait

penser que Racine n'a été que légèrement influencé par l'Épithalame de Belleau tient dans le concept de nymphe. Le poète de la Pléiade imagine plusieurs demoiselles. Il les appelle nymphes de la Seine parce qu'elles vivent au bord de la Seine, et baptise nymphes de la Meuse, celles qui résident sur les rives de la Meuse.

Racine franchit une étape. Dans son écrit, pas de jeunes filles s'ébrouant dans l'eau. C'est le fleuve entier qui est perçu comme étant un personnage. Ce qui rappelle les dieux-fleuves des Grecs. Toutefois, nous sommes en Europe. Il n'aurait pas plu au majestueux Louis XIV qu'il existât au-dessus de lui, même dans la nature et sous forme de fleuve, un être qui lui soit supérieur, un rival potentiel à sa suprématie.

Racine ne se posa certainement pas la question tant il était évident que le seul souverain de France était le roi. Donc, il personnifia la Seine par une nymphe. Ce qui s'accordait totalement avec son temps et qui ne pouvait que charmer le roi.

Soulignons de nouveau que ces années d'après Renaissance rayonnaient de mythologie.

Ceci explique pourquoi l'idée de représenter la Seine par une nymphe fut considérée comme une évidence par les contemporains et les successeurs de Racine, et fut reprise avec un enthousiasme débordant.

Aparté : Rémy Belleau avait été touché auparavant par un livre « l'Arcadia » de l'Italien Jacopo Sannazaro, qui raconte moult situations et aventures où apparaissent des nymphes, dieux et déesses de la mythologie. L'Arcadia ou Arcadie étant une région de la Grèce antique.

b) Seconde source : *Messire Honorat de Bueil !*

Un autre poète qui sans conteste marqua l'imaginaire de Racine et joua un rôle essentiel dans la représentation de la Seine par une nymphe fut Messire Honorat de Bueil, possédant le titre honorifique de « Marquis de Raccan » (lui-même, signant ses oeuvres uniquement de l'appellation « chevalier Sieur de Raccan », Raccan avec 2 « c » alors que de nos jours, on écrit ce nom avec un seul « c » : Racan.)

Séquana, nymphe ou déesse de la Seine ?

Le 8 avril 1625, Monsieur de Bueil publie un ouvrage poétique « *Les Bergeries de Messire Honorat de Bueil, chevalier sieur de Raccan* ».

Note : *Les « Bergeries » -toujours utilisées au pluriel- sont des écrits (des poèmes, des récits...) qui mettent en scène les amours des bergers et ce qui était lié au charme bucolique de leur univers.*

Les « Bergeries » de Messire de Bueil sont en fait une pièce de théâtre écrite en vers, selon la coutume de l'époque.

Messire de Bueil y fait apparaître la nymphe de la Seine comme un personnage à part entière qui incarne le fleuve. Cependant, elle n'intervient que dans le prologue, pour en quelque sorte introduire la pièce et les véritables acteurs. La Seine ne joue pas, on l'appellerait aujourd'hui la « narratrice ». Elle n'a d'autre utilité que d'être la Voix qui sonorise l'entrée en matière.

(Voir en annexe des extraits de ce prologue).

Dans la suite de sa pièce, Messire de Bueil

oublie totalement le statut de nymphe qu'il accorda à la Seine. À un certain moment, il fait traverser le fleuve par les héros de son histoire. La Seine n'est plus alors pour l'auteur qu'un simple cours d'eau ordinaire. Son imaginaire, bien que fécond, ne le poussa pas jusqu'à envisager des aventures liées à cette nymphe-fleuve. Elle ne constitue qu'un artifice d'introduction de la narration.

Mais l'idée, le concept de nymphe-fleuve, était si neuve qu'elle fut assimilée par Racine qui lui donna une tout autre envergure.

<u>Comment peut-on être certain que Messire de Bueil fut la source d'inspiration de Racine</u> (au sujet de la nymphe de la Seine)?

Penchons-nous donc sur cet auteur !

Si le grand public ne connaît rien ni de l'homme ni de l'écrivain, il n'en est pas de même dans le fin univers des lettrés de l'Académie française.

Messire Honorat de Bueil (1589-1670) était un poète tourangeau (né à Aubigné, en Touraine, l'actuelle Sarthe). Il fut l'élève de Malherbe (poète officiel de la Cour depuis

Henri IV jusqu'à Richelieu). Il publia différents ouvrages, dont « Les Bergeries » dédiées au Roi.

Lors de la création de l'Académie française par Richelieu, en 1634, il fut choisi pour en être l'un des membres. Il intégra donc l'Académie dès sa fondation. Ce qui signifie, en corollaire, qu'il était un des écrivains les plus illustres de son temps, qui plus est, toujours vivant du temps de Racine et présentant des discours à cette Institution chargée de prendre soin et de faire prospérer la langue française.

Dates importantes :
<u>Messire de Bueil</u> : né en 1589, mort en 1670, publication des « Bergeries » : 1625.
<u>Racine</u> : né en 1639, mort en 1699 ; publication de l'ode à la reine : 1660.
Période d'existence commune : 31 ans.

Messire de Bueil était donc un homme de lettres influent lorsque Racine fit ses premiers pas en poésie. Étudiant brillant, il est inconcevable que Racine ne se penchât pas sur les écrits de ses « Immortels » contemporains, nommés spécifiquement pour la promotion de la langue française dans le royaume de France et à l'extérieur par le biais de cette jeune « Académie » voulue par Richelieu.

Nul ne sait ce que pensa Messire de Bueil quand Racine recréa ce personnage de Nymphe de la Seine pour son ode à la Reine. En effet, si Messire de Bueil fréquenta beaucoup la Cour durant quelques années, avec le temps, il retourna sur ses terres en Touraine et se tint à l'écart de la haute société.

Cet éloignement volontaire entraîna sans aucun doute une chute de la popularité de ses propres écrits dans les sphères d'autorité (les grands du royaume, le roi, etc.) au profit des nouveaux venus en poésie et en tragédie, et se scella par l'oubli de son nom et de ses oeuvres.

<u>Différence et ressemblance des nymphes de Racine et de De Bueil.</u>

La différence essentielle tient au fait que, pour de Bueil, la nymphe Seine est un moyen habile (et poétique) d'introduction de sa pièce de théâtre. Ce n'est qu'une voix de brève durée, une présentatrice, qui cède la place très vite aux

Séquana, nymphe ou déesse de la Seine ?

véritables acteurs.

À l'inverse, Racine la conçoit comme le principal et l'unique personnage de son poème. Elle seule parle. Il n'y a pas d'autre intervenant. C'est la nymphe-fleuve qui accueille la reine de France.

La ressemblance : dans les deux cas, la nymphe possède les attributs des dieux-fleuve de la mythologie grecque. Elle discourt sur ses eaux ou ses berges, comme sur une partie de sa personne.

Les deux poètes ne vont pas plus loin que cette personnification. Ils ne lui inventent pas d'aventures, ni d'aléas terre-à-terre propres au commun des mortels ou aux nymphes des eaux. Elle est au-dessus du vécu quotidien des humains et des autres personnages mythiques (nymphes, naïades). Sa vision embrasse les siècles et les événements multiples qui se déroulent près de ses berges. Ils l'ont appelé « Nymphe », car le terme était de leur temps, cependant le concept qu'ils en avaient se rapproche davantage du statut de déesse. Pas de ces déesses grecques en prise, elles aussi, aux querelles du quotidien, mais le concept intemporel d'une divinité au-dessus du parcours des destinées. Quoique ni de Bueil, ni Racine n'avaient entendu parler d'une déesse de la Seine, c'est pourtant très clairement le concept qui se dessine lorsqu'on étudie leurs écrits.

Ce seront leurs successeurs qui rabaisseront ce statut de déesse immuable à celui d'une nymphe ordinaire soumise à diverses aventures et aux émotions humaines.

2) <u>Chronologie de la naissance de la nymphe de la Seine.</u>

En résumé, le livre « Arcadia » de Sannazaro influença Rémy Belleau et Rémy Belleau influença ou inspira Messire de Bueil.
Quelques années plus tard, Jean Racine fut inspiré (ou influencé) à la fois par les écrits de Rémy Belleau et ceux de Messire de Bueil.
Par la suite, Racine, en raison de son talent, de sa notoriété et de l'admiration qu'on lui portait à la Cour du Roi Soleil, influença à son tour nombre d'auteurs et d'artistes, grâce à son poème « nymphe de la Seine à la reine » composé à l'occasion du mariage de Louis XIV.

3) Évolution de la nymphe de la Seine.

Le concept de la Seine représentée sous les traits d'une nymphe était donc né. Les écrivains s'en emparèrent et en inondèrent leurs écrits. Nous retrouvons une facette de cette ferveur dans un dictionnaire publié en 1825 et qui était la référence des poètes et des lettrés.

Son titre : « *Le gradus français, ou dictionnaire de la langue poétique* ».

Au mot « Seine », nous en avons bien sûr la définition. Viennent ensuite les informations annexes dont ce passage « *Les poètes disent quelque fois la Seine pour Paris et même pour la France* ».

Ainsi donc, Racine, qui dans son poème présentait la nymphe de la Seine comme la voix de la France, a-t-il suscité un courant qui s'est prolongé deux siècles durant parmi les poètes.

Le sujet gagna d'autres secteurs.

On réalisa des sculptures, des bronzes, baptisées « Nymphe de la Seine ». On composa des opéras où elle figurait.

Dans le domaine littéraire, des auteurs ont imaginé des aventures qui la mettaient en scène sans toutefois en faire l'héroïne de leurs oeuvres. Ils ne lui accordaient pas spécialement d'importance, c'était juste un personnage accessoire pour donner un parfum antique à leurs écrits. (Et rester ainsi dans le ton de l'époque.)

Bernardin de Saint-Pierre (Henri – 1737-1814), par exemple (l'auteur de Paul et Virginie), en fait mention dans un de ses livres « l'Arcadie » (écrit en 1788, soit plus d'un siècle après le poème de Racine). Dans son ouvrage, il fit intervenir la nymphe de la Seine et s'amusa à lui construire une filiation (père).

En bref, ce livre relate le voyage de deux personnes par bateau. À la tombée de la nuit, le pilote s'approche de l'estuaire de la Seine et se prépare à la remonter. L'ami du narrateur tente de l'en dissuader et pour donner du poids à son propos raconte un drame qui eut lieu à cet endroit. À savoir qu'une nymphe, fille de Bacchus et suivante de Cérès, jouait près de la mer. Neptune (dieu de la mer), séduit par ses charmes, se précipita vers elle pour l'enlever. Elle appela son père à l'aide. Bacchus la transforme aussitôt - et définitivement - en fleuve.

Séquana, nymphe ou déesse de la Seine ?

Pour cette anecdote (quelques paragraphes dans le corps de son livre), Bernardin de Saint-Pierre voulait créer un mythe à l'égal de ce qui existait dans la mythologie grecque (Une Telle transformée en roseau, une autre en fontaine, etc.). Il a néanmoins omis un détail. Une fois changée en fleuve, la nymphe se jette dans la mer, et donc dans les bras de celui-là même qui la convoitait. Au lieu de Neptune, si l'auteur avait choisi Vulcain, l'histoire aurait gagné en crédibilité.

Dans la véritable mythologie, des dieux avaient déjà pourchassé des nymphes de cette façon, celles-ci criant à l'aide, et étant alors muées en autre chose pour les sauver des assauts de leur soupirant.

Par exemple, Daphné, pour échapper aux étreintes d'Apollon, en appela à son père qui la transforma en laurier. Pareillement, Syrinx, poursuivie par le dieu Pan, fut métamorphosée en roseaux. Sans oublier celle qui a certainement le plus influencé Bernardin de Saint-Pierre, Aréthuse. Elle se baignait avec tant de charme que le dieu du fleuve – Alphée – en fut séduit au point de la poursuivre en vue d'assouvir ses désirs. Pour échapper à cet outrage, Aréthuse appela Artémis (déesse de la végétation et de la chasse) à son secours, laquelle Artémis la transforma en fontaine.

Cette troisième histoire présente tant de similitudes avec ce qu'imagina l'auteur du XVIII° siècle qu'on ne peut qu'être convaincu de l'origine de son inspiration. Il est plus que probable que Bernardin de Saint-Pierre s'en soit inspiré pour l'adapter à la Seine.

Il intitula son livre l'Arcadie. Une référence directe à l'« Arcadia » de Sannazaro et un souhait de construire à son instar une aventure épique se déroulant dans les temps anciens où surgissent nymphes et dieux grecs.

N. B. Pourquoi parler si longuement de la création de Bernardin de Saint-Pierre ? Parce qu'un certain nombre de sites, pour combler le vide d'informations au sujet de Séquana (voir le chapitre qui lui est consacré), se sont fondés sur ce passage de l'Arcadie (qui évoque une nymphe transformée en fleuve et non une déesse de ce fleuve) pour affirmer que Séquana est la fille de Bacchus. Ce qui est dommage, car ils confondent dans un même mouvement la nymphe qui résidait au bord de la Seine avec la déesse de la Seine, et présentent comme un vrai mythe ce qui n'est qu'une création de roman. Racine n'ayant donné aucune description à sa nymphe, et pas la moindre bribe d'informations, il ne leur restait que le roman de Bernardin de Saint-Pierre sur lequel s'appuyer pour leurs articles.

Pour en revenir à la nymphe de la Seine popularisée par Racine (en 1660), des sculpteurs s'en inspirèrent également ainsi que des musiciens.

Le grand Jean-Baptiste Lully l'introduisit dans une de ses tragédies musicales intitulée « Alceste », composée en 1674. L'imagination aidant, il créa dans la foulée, la nymphe des Tuileries et la nymphe de la Marne. Ces belles jeunes filles font leur apparition dans le prologue, dansent et chantent. Ce ne sont pas les personnages principaux, elles lancent en quelque sorte cet opéra.

4) <u>Conclusion au sujet de la nymphe de la Seine.</u>

Nous le constatons donc, il ne s'agit pas d'un mythe venu de l'Antiquité. Mais d'une invention du XVII°. Et tout ceci n'a bien sûr rien à voir avec la déesse Séquana que nul ne connaissait à cette époque.

    Attention aux confusions.
Ce sont deux personnages différents, la nymphe étant une création poétique et artistique du XVII°. Aussi, prenons garde à ne pas confondre la déesse de la Seine et la nymphe de la Seine.

III) LA DÉESSE DE LA SEINE.

Découverte de Séquana.

Deux personnes importantes sont à l'origine de la découverte de la déesse Séquana : l'abbé Richard et Henri Baudot.

1) **L'abbé Richard** étudia attentivement un bronze (sculpture en bronze) représentant une galère surmontée d'un galérien et découverte par hasard en 1763 à Blessey (à 2 km des sources).

Sans doute était-il suffisamment cultivé pour reconnaître en cette oeuvre d'art un ciselage remontant à l'Antiquité la plus rayonnante.

Il ne nous a pas expliqué le schéma de ses déductions et de ses analyses, uniquement ses conclusions. À savoir, qu'il dût y avoir autrefois dans les alentours un temple consacré à un dieu gaulois ou gallo-romain, lequel aurait personnifié le fleuve Seine. Il n'avait aucun doute à ce sujet. Quelque part, dan son village dans un endroit qu'il ne pouvait encore localiser, il s'élevait aux temps antiques un temple dédié à un dieu de la Seine.

Important.

Retenez bien ceci ! En 1763, tout le secteur alentour n'était que prairies et forêts. De surcroît, ainsi que nous l'apprend Henri Baudot, on croyait communément qu'un étang (l'étang de Grillande) était la source de la Seine.

2) **Henri Baudot.** Il s'est attaché à convaincre les autorités d'ouvrir une campagne de fouilles.

En effet, après avoir étudié les documents de l'Abbé (70 années auparavant), il en conclut également qu'un temple dédié à un dieu de la Seine avait dû s'élever dans les environs. Toutefois, à l'inverse de celui-ci, il détermina que ce temple devait se trouver plus loin à la source de la Seine.

En 1836, après accord des autorités (et financement évidemment), il entreprit ses recherches sur le terrain.

Dans un premier temps, il découvrit que le point d'origine de la Seine était non pas l'étang de Grillande, mais une parcelle de terre à 1 km de là servant de pâturage au bétail. Il releva par ailleurs qu'il existait en fait plusieurs sources et non une seule.

Ayant désormais localisé le véritable lieu de naissance de la Seine, il débuta les fouilles archéologiques, défrichant puis creusant le sol de la prairie.

<u>Surprise : une déesse de la Seine</u> !

C'est durant cette campagne de fouilles qu'il mit au jour le temple si longtemps recherché, et surtout découvrit avec stupeur que la divinité en l'honneur de qui il avait été érigé n'était pas un dieu personnifiant la Seine, mais une déesse.

De nombreux objets exhumés des ruines révélaient même son nom, gravé sur la pierre et le métal, « Dea Sequana », à traduire par « Déesse Séquana ».

<u>On parle enfin de Séquana déesse de la Seine.</u>

C'est donc depuis cette date - depuis les fouilles de 1836 - que l'on découvrit l'existence de Séquana.

On prit conscience également de son importance considérable pour les Gaulois de l'Antiquité. À leurs yeux, elle était réelle.

C'était une déesse de grand prestige. Ils venaient en nombre lui rendre hommage et demander la guérison de leurs maux.

Le parc des sources.

Le nom de Séquana se répandit surtout après l'inauguration aux sources de la Seine d'un parc créé sous l'égide du Baron Haussmann. La presse de l'époque relata l'événement, touchant ainsi une plus large audience. Un public plus nombreux apprit dès lors l'existence d'une déesse de la Seine appelée « Dea Sequana » (« Sequana » étant prononcé Séquana).

Plusieurs campagnes de fouilles succédèrent à la première et prolongèrent les découvertes. De nouvelles sculptures et oeuvres d'art apparurent, et d'autres constructions encore enfouies sous le sol de cette ancienne prairie. Ces fouilles s'échelonnèrent jusque dans les années 1960.

Toutefois, l'abondance des objets révélés au grand jour ne permet pas d'apporter une connaissance réelle de Séquana. Ils fournissent quelques informations, rien de plus.

Séquana, nymphe ou déesse de la Seine ?

En l'absence de documents papier, doublée du fait qu'aucun écrivain, historien, biographe (du temps de Jules César jusqu'à 1836) ne l'a jamais évoquée dans aucun ouvrage, on ne sait rien sur la déesse.

IV) CRÉATION D'UN FAUX MYTHE DE SÉQUANA.

Cette absence totale de Séquana dans l'Histoire de France (dans les écrits des historiens, des romanciers, des philosophes) conduisit certains à combler ce vide d'informations à son sujet en prenant ce qu'ils avaient à portée de main.

Et ce dont ils disposaient c'était ce fameux poème de Racine dans lequel l'auteur prêtait ses paroles à une nymphe baptisée « Nymphe de la Seine » (qui inspira Lully et quelques autres), et le passage du roman de Bernardin de Saint-Pierre qui lui inventa une filiation.

La narration de ce dernier étant plus riche d'événements et d'infortune, ils « collèrent » donc à Séquana les inventions poétiques de Bernardin de St Pierre au sujet de cette nymphe imaginaire, créant ainsi une confusion entre les deux personnages.

<u>Conséquence de cette confusion entre la déesse Séquana et la nymphe de la Seine ?</u>

La plus importante conséquence de cette confusion est de présenter Séquana comme un mythe venant des temps reculés. Or ce n'est pas le cas. Il ne s'agit pas d'un conte pour enfants, un de ces contes qu'on lit dans les ouvrages du style « contes et légendes de... », qu'on raconte à tour de bras en sachant pertinemment que rien n'est réel.

Dans le cas de Séquana, c'est tout le contraire. Il n'y a pas de « mythe de la Seine » ni de « mythe de Séquana », mais une réalité concrète révélée par les ruines aux sources de la Seine. Séquana n'est pas une invention de l'esprit. Les Gaulois lui rendaient hommage. Ils lui avaient érigé un temple de grande splendeur et y venaient nombreux en l'espoir d'une guérison ou pour exaucer un voeu. Pour les Gaulois, ce n'était pas quelque chose d'imaginaire, elle existait réellement.

V) ORIGINE DE SÉQUANA.

Qu'il soit bien clair qu'à ce jour, nul ne connait avec une certitude absolue l'origine de Séquana, car il n'existe aucun document qui parle de la déesse de la Seine. Ce n'est que par l'étude de ce qui fut découvert dans les ruines du temple, mis en relation et recoupé avec les documents qui nous sont parvenus et relatant les coutumes celtes et gauloises qu'une explication fut apportée quant à son origine.

Cette étude est détaillée dans le livre « *Le fabuleux passé des sources de la Seine* ».

Séquana, nymphe ou déesse de la Seine ?

VI) CHRONOLOGIE RAPIDE DE SÉQUANA.
Ainsi que de la nymphe de la Seine.

Nous avons mis en italique et entre parenthèses les points concernant la nymphe de la Seine.

Il était important de les intégrer dans cette chronologie de façon à mieux comprendre le déroulement des événements et l'origine de la confusion entre nymphe de la Seine et Séquana.

(1559. Remy Belleau compose un poème (Épithalame) en l'honneur du mariage du Duc de Lorraine. Plusieurs nymphes, nommées nymphes de la Seine - car vivant en bord de Seine - chantent un passage du poème en réponse aux nymphes de la Meuse.)

(1625. Publication d'une pièce de théâtre bucolique en vers intitulée « Les Bergeries de Messire Honorat de Bueil, chevalier sieur de Raccan ». Auteur : Messire Honorat de Bueil. Dans le prologue, la nymphe de <u>la Seine apparaît comme un personnage à part entière</u>

représentant le fleuve. *Malheureusement, l'auteur ne disposait pas des appuis nécessaires ou de la volonté de promotion suffisante pour que son oeuvre passât à la postérité. Et le grand public finit par l'oublier.)*

(1660. Racine compose un poème pour le mariage de Louis XIV dont la récitante est baptisée « nymphe de la Seine ». Cette nymphe personnifie la Seine en tant que personnage unique. Elle est à la fois fleuve et femme. Racine fut sans conteste influencé par l'« Épithalame » de Belleau et par « les Bergeries » de Messire de Bueil (Académicien réputé, mais retiré alors sur ses terres en Touraine et ne se préoccupant plus guère de ce qui se déroulait à la Cour). Si l'inventeur de la « Nymphe de la Seine » fut Honorat de Bueil, c'est Racine qui popularisera ce concept et lui donnera tout son éclat grâce à la vague d'effervescence créée par le mariage de Louis XIV.)

(Reprise de cette idée d'une nymphe de la Seine par de nombreux artistes : sculpteurs, musiciens...)

(1674. Jean-Baptiste Lully compose l'opéra « Alceste » dit aussi « Le triomphe d'Alceste » dont le prologue fait intervenir entre autres la nymphe de la Seine et la nymphe des Tuileries, l'action se déroulant au jardin des Tuileries.)

(Georg Friedrich Haendel (1685-1759) -auteur du célèbre « Messie »- composa « Circé », une tragédie musicale où la nymphe de la Seine intervient dans le prologue. »)

* **1763**. Découverte par l'abbé Richard d'une galère en bronze et d'autres objets (à Blessey dans un petit village à 2 km des sources de la Seine, en Côte-d'Or). L'examen lui fit soupçonner l'existence d'un dieu du fleuve dont le temple se situerait quelque part dans sa commune.

(1788. Bernardin de Saint-Pierre écrit un roman intitulé l'« Arcadie » dans lequel il imagine la filiation de la nymphe de la Seine. Son oeuvre étant inspirée de la nymphe de Racine (pour le personnage personnifiant la Seine), de la nymphe Aréthuse et de sa transformation en eau (en fontaine puis en ruisseau) et de l'« Arcadia » de Jacopo

Sannazaro (pour les événements épiques racontés)).

(1825 : Publication du « Gradus » -dictionnaire de la langue poétique- qui entérine l'usage de l'expression « nymphe de la Seine » ou « nymphe de Seine » par les poètes, soulignant également leur emploi de la Seine pour désigner la France.)

* **1833.** La Commission des Antiquités de la Côte d'Or (présidée par Henri Baudot) décide de rechercher le temple du dieu de la Seine. Après étude des pièces retrouvées, la commission conclut qu'il se situerait à la source de la Seine. Découverte alors du véritable point de départ des sources de la Seine par Henri Baudot qui s'est déplacé en personne sur le terrain.

* **1836**. Campagne de recherche du temple de ce dieu fluvial. Premières fouilles archéologiques scientifiques sur la prairie servant de pâturage aux vaches. Découverte, enfouies sous la terre, des ruines d'un sanctuaire gaulois. Découverte non d'un dieu de la Seine, mais d'une déesse de la Seine. Découverte également de son nom « Dea Sequana », déesse Séquana. Découverte aussi de la date de la fondation du sanctuaire et de sa destruction définitive.

L'existence de Séquana est encore inconnue du grand public.

(Tout au long de ces années, des oeuvres artistiques et poétiques (sculptures, théâtres, etc.) continuent d'utiliser l'image de la nymphe de la Seine.)

* **1864.** Le Baron Haussmann donne son autorisation pour la création d'un parc aux sources de la Seine. Achat par la ville de Paris des parcelles de terrain autour des 3 sources principales pour la constitution de celui-ci.
Deux architectes furent nommés responsables du projet (Messieurs Baltard et Davioud). Commande au sculpteur Jouffroy d'une oeuvre destinée à être installée à la source principale de la Seine. Influencé par les mouvements artistiques de son époque, Jouffroy la baptisa « Nymphe de la Seine ».

* **1867.** Inauguration du parc des sources et

de la grotte artificielle érigée au-dessus de la source choisie comme source officielle de la Seine. Découverte par le public de la sculpture de Jouffroy posée sur un socle au milieu du bassin recueillant les eaux de la source.

* **XX° siècle**. Autres campagnes de fouilles et découvertes des nouvelles sculptures dont une que l'on suppose être celle de Séquana.

* **XX° et XXI°**. Le nom de Séquana se répand dans le grand public. Des sociétés adoptent son nom comme intitulé de leur entreprise.

Confusion chez certains entre la déesse Séquana vénérée par les Gaulois et un passage d'un roman de Bernardin de Saint-Pierre (inspiré par un poème de Racine imaginant la Seine sous la forme d'une nymphe). De ce fait, introduction d'une fausse légende de Séquana.

* **XXI° siècle**. La presse s'intéresse de plus en plus à la source de la Seine. Reportages télé et magazines se succèdent. Intérêt grandissant du public.

VII) CONCLUSION.
Séquana, nymphe ou déesse de la Seine ?

La nymphe de la Seine est une création artistique de Racine (inspiré par Rémy Belleau) qui imagina cette nymphe comme la voix récitant le poème composé à l'attention du mariage de Louis XIV. Il ne lui donna aucun nom et aucune apparence visuelle. Il l'appela juste « la nymphe de la Seine ».

Tandis que Séquana était considérée par les Gaulois comme une déesse, notamment une déesse guérisseuse résidant aux sources de la Seine.

Avant de la nommer « Séquana », il l'appelait simplement « déesse de la Seine ». Ce n'était pas du tout un mythe. À leurs yeux, elle était réelle.

Ils avaient érigé un temple de grande dimension pour accueillir le public qui venait en nombre lui demander guérison de leurs maux et lui porter des offrandes. Des objets, des stèles et des bijoux gravés à son nom, "Dea Sequana", furent trouvés dans les ruines du temple.

À part ces gravures, aucun autre document ne mentionne son existence, si bien qu'après la destruction du temple, le nom de Séquana en tant que déesse de la Seine tomba dans l'oubli.
La déesse Séquana nous apparaît brusquement en 1836, par un hasard total, à l'issue des fouilles archéologiques effectuées aux sources de la Seine.

Ce n'est qu'à partir des découvertes d'Henri Baudot (qui dirigea les fouilles de 1836) que la presse et la littérature se mirent à parler de Séquana et de la déesse de la Seine, et que son nom se répandit.

VIII) LE TEMPS DES NYMPHES

Les oeuvres mettant en scène la nymphe (ou les nymphes) de la Seine.

La Renaissance ayant créé un tourbillon d'intérêt et de création autour du thème des nymphes, il serait impossible de les citer toutes.
Nous nous attacherons surtout à vous en présenter quelques-unes.

a) <u>Sculptures.</u>
Les sculpteurs furent nombreux à représenter la Seine sous forme d'une nymphe. Nous avons entre autres :.

* <u>La Nymphe-Seine de Marly.</u>
1699. Pour le parc du Château de Marly (résidence de campagne de Louis XIV), commande de plusieurs groupes de sculptures en marbre figurant les fleuves et rivières. La Seine, la Marne, la Loire et le Loiret sont ainsi symbolisés, et accompagnés de personnages enfantins.
La Seine et la Marne furent sculptées par Nicolas Coustou.

Séquana, nymphe ou déesse de la Seine ?

Pour son château de Marly, Louis XIV avait également commandé des sculptures de Dianes, et d'autres divinités de la nature relevant de la mythologie gréco-latine.

Le Roi soleil était donc un des protecteurs ou des « parrains » ayant favorisé cet intérêt fantastique pour l'Antiquité. Étant donné la puissance de sa position et les finances octroyées aux artistes (du fait de ses commandes), il est certain que beaucoup (sculpteurs, musiciens, écrivains, etc.) se tournèrent vers l'Antiquité et la mise en scène des nymphes pour lui plaire ainsi qu'aux grands mécènes (princes, ducs ...) et à la Cour trop désireuse de suivre les goûts de leur souverain. Cette influence s'étendant alors aux autres secteurs de la société.

* <u>Les nymphes du Pont Alexandre III</u>.

Un des plus beaux ponts de Paris étire son tablier depuis l'Esplanade des Invalides jusqu'au pied du Grand palais. Il fut construit pour saluer l'Alliance entre la France et la Russie (dirigée par le tsar Alexandre III) et inauguré lors de l'exposition universelle de 1900. Le tablier soutient au-dessus du fleuve deux groupes de sculptures monumentales. En amont deux nymphes baptisées « nymphes de la Néva » (fleuve de Russie) et en aval deux autres appelées « nymphes de la Seine ».

Sculpteur : Georges Récipon.

* <u>Fontaine « Miroir d'eau, la Seine et ses affluents »</u>.

1910. Jean-François Getchter présente cette création dont chaque cours d'eau est figuré par une sculpture féminine.

Nous sommes au début d'un siècle nouveau, l'époque n'est plus centrée sur les nymphes et les personnages mythologiques. Toutefois, il demeure en héritage le concept de représenter un cours d'eau par une demoiselle. On ne l'appelle plus « nymphe de... », on la désigne simplement du nom du fleuve concerné. On ne parle donc plus en voyant cette jeune personne de la nymphe de la Seine, mais de la Seine tout court.

b) <u>Autres oeuvres</u>.

Dans le répertoire littéraire, nous avons aussi.

* L'« Astrée » - tragédie lyrique de La Fontaine. 1691

Jean de la Fontaine est connu de nos jours essentiellement pour ses fables. Pourtant, sa plume s'exerça dans d'autres genres.
Il écrivit notamment cette tragédie intitulée « Astrée ».
Dans cette pièce de théâtre figure « la Nymphe de la Seine » (un personnage à part entière) et ses suivantes « les nymphes de la Seine » au service de leur maîtresse.
Cette pièce date de 1691 soit une trentaine d'années après que Racine imagina La Seine sous la forme d'une nymphe unique.

IX) INFORMATIONS SUR LA SOURCE DE LA SEINE.

La Seine est un fleuve (un cours d'eau qui se jette dans la mer) de 776 km de long.

Elle prend sa source en Côte d'Or dans une petite commune appelée « Source-Seine », à 446 m d'altitude. Ce village se situe dans le département de la Côte d'Or (21), à l'extrémité du plateau de Langres, à 40 km à l'est de Dijon.

Il n'existe pas une, mais des sources. Les trois principales coulant dans le parc des sources. L'une d'elles a été choisie comme source officielle (géographique)

La Seine se jette dans la Manche en formant un estuaire entre Le Havre et Trouville (près de Honfleur)

Les parcelles de terrain où apparaissent les sources principales ont été achetées par la ville de Paris qui a mis en valeur le site par la création d'un parc et d'une grotte par-dessus la source source officielle de la Seine.

XII) EXTRAITS DES PREMIERS ÉCRITS SUR LA NYMPHE DE LA SEINE ;

a) <u>Les Bergeries</u>. (de Messire de Bueil)
Traduction en français moderne d'un extrait de sa pièce écrite en « Vieux français ».

Prologue de la Nymphe de Seine

AU ROY.

Du fond de ces flots, dont je règle le cours
Depuis que le Soleil règle celui des jours :
Je sors pour adorer, sur le bord de mon onde.
La merveille du Ciel et la gloire du monde.
Grand Prince, dont l'exemple autant que le pouvoir
Fait demeurer le vice aux bornes du devoir:
Miroir de la vertu, support de l'innocence,
De qui la courtoisie égale la puissance :
Recevez à vos pieds d'un favorable accueil
Ces bergers, que la Muse a tiré du cercueil :
Ils ont repassé l'onde effroyablement noire
Pour le désir, qu'ils ont d'honorer votre gloire ;

b) <u>La Nymphe de la Seine à la Reine</u> (de Jean Racine) – Extrait.

Cette ode commence ainsi :

LA NYMPHE DE LA SEINE
A LA REINE
1660

Grande reine, de qui les charmes
S'assujettissent tous les coeurs,
Et, de nos discordes vainqueurs
Pour jamais ont tari nos larmes ;
Princesse, qui voyez soupier dans vos fers
Un roi qui de son nom remplit tout l'univers,
Et faisant son destin, faites celui du monde,
Régnez, belle Thérèse, en ces aimables lieux
Qu'arrose le cours de mon onde,
Et que doit éclairer le feu de vos beaux yeux.

Je suis la nymphe de la Seine :
C'est moi dont les illustres bords
Doivent posséder les trésors
Qui rendaient l'Espagne si vaine. (etc.)

Liste des ouvrages

Du même auteur

Pour aller plus loin sur le thème lié à la Seine.

- *La Seine à pied de la source à la mer.*
Album photo et description des chemins des bords de Seine.

- *Le fabuleux passé des sources de la Seine.*
Monographie. Étude sur ce qui s'est déroulé aux sources de la Seine durant la période gauloise. Notamment, étude du sanctuaire gaulois dédié à Séquana, son évolution et les causes de sa destruction. Ainsi qu'une étude complète de Séquana, déesse de la Seine.

- *Séquana, la légende de la Seine.*
Fiction. Une histoire inspirée à l'auteur lors de son voyage à pied le long de la Seine.

Séquana, nymphe ou déesse de la Seine ?

Séquana, nymphe ou déesse de la Seine ?